AF232315

DISCOURS

PRONONCÉ

LE 24 JUIN 1885

AUX OBSÈQUES DE M. HENRI-ÉDOUARD TRESCA,

PROFESSEUR ET ANCIEN SOUS-DIRECTEUR

DU CONSERVATOIRE NATIONAL DES ARTS ET MÉTIERS,

PAR M. LE COLONEL LAUSSEDAT,

DIRECTEUR DE L'ÉTABLISSEMENT.

PARIS.

IMPRIMERIE NATIONALE.

M DCCC LXXXV.

DISCOURS

LE 24 JUIN 1885

AUX OBSÈQUES DE M. HENRI-ÉDOUARD TRESCA,

PROFESSEUR ET ANCIEN SOUS-DIRECTEUR

DU CONSERVATOIRE NATIONAL DES ARTS ET MÉTIERS,

PAR M. LE COLONEL LAUSSEDAT,

DIRECTEUR DE L'ÉTABLISSEMENT.

PARIS.

IMPRIMERIE NATIONALE.

M DCCC LXXXV.

DISCOURS

PRONONCÉ

LE 24 JUIN 1885

AUX OBSÈQUES DE M. HENRI-ÉDOUARD TRESCA,

PROFESSEUR ET ANCIEN SOUS-DIRECTEUR
DU CONSERVATOIRE NATIONAL DES ARTS ET MÉTIERS,

PAR M. LE COLONEL LAUSSEDAT,

DIRECTEUR DE L'ÉTABLISSEMENT.

MESSIEURS,

Tous ceux qui ont eu l'honneur de connaître l'éminent collègue que nous accompagnons au bord de cette tombe savent que jamais existence n'a été plus laborieuse ni mieux remplie que la sienne.

Tresca est mort et devait mourir sur la brèche. Nul, en effet, ne se préoccupait moins que lui de l'état de sa santé, nul n'a bravé plus stoïquement la douleur et jusqu'à la mort qui, depuis plus de deux ans, le menaçait. C'est avec un sentiment de fierté mêlé de tristesse que nous rendons cet hommage à sa mémoire, dans un temps où l'on est disposé à admettre que les générations actuelles sont moins énergiques que celles qui les ont précédées. Quel éloquent démenti à cette insinuation, venue du dehors, que la vie de ce travailleur infatigable, de cet esprit si ouvert pourtant, si accessible à toutes les manifestations de l'intelligence, qui ne trouvait ou plutôt ne cherchait systématiquement de distraction que dans les séances de l'Académie et des nombreuses associations scientifiques dont il était presque toujours le membre le plus assidu et le plus actif.

Quel plus fortifiant exemple à offrir à toute cette jeunesse qui nous écoute et à laquelle nous n'hésitons pas à dire que nous comptons sur elle, dans l'avenir, dans un avenir prochain peut-être.

Tresca (Henri-Edouard), né à Dunkerque, le 12 octobre 1814, appartenait à une famille distinguée, je devrais dire à une famille illustre, car elle comptait Jean-Bart au nombre de ses ancêtres.

Après avoir fait de brillantes études littéraires et scientifiques au collège Louis-le-Grand, il entrait en 1833 à l'École polytechnique, d'où il sortait en 1835 dans les ponts et chaussées.

Ses condisciples à Louis-le-Grand, ses camarades à l'École polytechnique, et il en est un que je ne veux pas oublier de nommer, l'illustre artiste Gustave Froment, qui était son meilleur ami et qui fut lui-même un prodige, qualifiaient de merveilleuse la facilité avec laquelle Tresca s'assimilait tout ce qu'on leur enseignait.

Celui-ci eut une occasion de donner une preuve bien frappante de cette facilité qui allait jusqu'à l'intuition. L'Ecole ayant été licenciée en 1834, à la suite de troubles politiques, les professeurs et les élèves se concertèrent pour que les cours ne fussent pas interrompus, et Thénard, qui avait distingué Tresca, le chargea de réorganiser au dehors le cours de chimie, le prit pour préparateur et, au besoin, pour suppléant. On m'a assuré que Tresca alla jusqu'à faire des leçons à ses camarades.

A sa sortie de l'École des ponts et chaussées, une longue maladie le détermina à renoncer à une carrière dans laquelle il eût, on ne pourrait en douter, rendu les plus grands services; un peu plus tard, il se fit ingénieur civil et s'occupa de travaux industriels.

Il avait été nommé, en 1851, par le Gouvernement français, inspecteur principal de l'Exposition universelle de Londres. C'est dans cette situation qu'il fit la connaissance du colonel, depuis général, Morin, professeur de mécanique appliquée au Conservatoire des arts et métiers et directeur de l'établissement. Après avoir échangé, dans la halle des machines en mouvement qu'ils visitaient ensemble, quelques idées sur l'utilité qu'offrirait à Paris une installation permanente analogue, pratiquée toutefois sur une moindre échelle, le colonel Morin, frappé du grand sens et de la sagacité de son interlocuteur, lui offrait, séance tenante, l'emploi d'ingénieur au Conservatoire. Cet emploi, à la vérité, n'existait pas, mais le colonel savait qu'il en obtiendrait aisément la création. Il s'agissait, effectivement, de réaliser une de ses plus heureuses conceptions, un projet de laboratoire de mécanique industrielle, qu'il avait formé longtemps avant l'exposition de Londres et qui avait même reçu un commencement d'exécution dès 1843. Il lui avait seulement manqué jusque là un auxiliaire capable et convaincu, et il venait de le trouver.

Dans tout ce que j'ai à dire des améliorations introduites au Conservatoire, à partir de 1852, je ne saurais séparer le nom du général Morin de celui de son collaborateur dévoué, qu'en toutes circonstances il se plaisait à appeler son ami, son bras droit.

Le public nombreux qui visite la nef de la merveilleuse église de Saint-Martin-des-Champs, dans laquelle sont installées les machines en mouvement, n'y voit tout d'abord qu'un spectacle fait pour éveiller sa curiosité. Il ignore généralement, mais ni les savants ni les constructeurs n'ignorent que c'est dans ce laboratoire de mécanique qu'ont été entreprises et menées à bonne fin des expériences fondamentales et exécutés des essais innombrables de machines et d'appareils dont il s'agissait de reconnaître, d'apprécier, de mesurer le degré de puissance et d'utilité pratique.

Les recherches personnelles de M. Tresca sur le poinçonnage et le rabotage des métaux, qui devaient le conduire à formuler les lois de l'écoulement des solides et celles de la déformation des corps en général, bien qu'elles aient été exécutées au Conservatoire des arts et métiers avec les ressources dont cet établissement seul disposait alors, seront appréciées avec une plus grande autorité que la mienne. Il en sera de même des expériences entreprises en commun avec M. Ch. Laboulaye pour la détermination de l'équivalent mécanique de la chaleur, ainsi que des autres expériences de physique et de mécanique qui ont attiré l'attention du monde savant et ouvert à notre collègue les portes de l'Institut. Ma tâche est d'ailleurs encore bien vaste, et je crains déjà de ne pas la remplir comme je le désirerais ; je me bornerai donc à l'énumération nécessairement succincte des services rendus à l'industrie dans le laboratoire de mécanique. Si l'on se reporte à trente-cinq ans en arrière et si l'on se représente les efforts incessants tentés depuis cette époque jusqu'à ce jour pour créer ou perfectionner les machines et les appareils de toute nature proposés à la grande comme à la petite industrie, on comprendra, je devrais dire on devinera, le rôle considérable de ce laboratoire.

Il importait, parmi tant d'inventions, de reconnaître celles qui pouvaient devenir fécondes, produire des résultats vraiment économiques, augmenter les ressources des fabriques, sans compromettre les capitaux engagés, sans gaspiller les forces que l'on employait, qu'il s'agît de forces naturelles ou des matériaux, combustibles ou autres, qui servaient à leur donner naissance.

Les expériences instituées au Conservatoire, à l'aide d'instruments dus, pour la plupart, à nos grands ingénieurs français et au général Morin en particulier, et exécutées avec une habileté et une conscience à l'abri de toute critique et de tout soupçon, ont joué, je le répète, un rôle considérable dans le triage qu'il fallait faire entre les machines récemment inventées et dans le classement même de celles que l'on employait déjà depuis un certain temps.

Aucune, en effet, n'échappait à ces épreuves, à ce contrôle délicat, et, quand les chiffres qui servaient à traduire les résultats des expériences étaient publiés, personne n'en a jamais contesté l'exactitude. La machine ou l'appareil soumis à ce criterium était jugé.

Le portefeuille industriel du Conservatoire, qui est, sans aucun doute, le recueil le plus précieux dans son genre, contient les dessins de la plupart des machines expérimentées.

Les procès-verbaux des expériences sont également accompagnés de dessins exacts, et à partir de 1860, date de la création des *Annales du Conservatoire* dont M. Tresca fut un des fondateurs et le principal rédacteur, ces procès-verbaux furent publiés par leur laborieux auteur dans plus de quatre-vingts articles sur la mécanique appliquée.

Pour compléter ces indications bien sommaires, j'ajouterai que le Directeur et M. Tresca, qui lui avait succédé dans la chaire de mécanique et avait reçu le titre de Sous-Directeur, avaient encore installé tous les appareils nécessaires pour les essais relatifs à la résistance des matériaux.

Les administrations de l'État, les administrations locales, les architectes, les propriétaires de carrières, les industriels, en général, connaissent bien cette organisation du service des expériences et y font un appel incessant.

Je ne crois pas avoir besoin de dire que l'administration actuelle s'efforce de répondre à toutes ces demandes et qu'elle continue la tradition dont elle a l'héritage, en suivant attentivement tous les progrès des arts mécaniques. En ce moment même, elle fait construire un laboratoire d'électricité qui peut être considéré comme le complément indispensable du laboratoire de mécanique.

On me permettra sans doute de rappeler ici que l'outillage du Conservatoire fut utilisé pendant le siège de Paris par Tresca et par ses collègues du génie civil, pour les essais du bronze employé à la fabrication des canons de la défense et pour la vérification du matériel de guerre. Pendant cette période douloureuse, Tresca se montra ce qu'il a toujours été, plein d'activité et de ressources, et tous ses collaborateurs témoigneraient, comme moi, de l'ardeur patriotique qui l'animait et qui doublait ses forces.

Je ne veux pas entrer ici dans tous les détails relatifs au développement des différents services du Conservatoire, à l'accroissement des bâtiments et des collections provoqué par l'administration à laquelle a appartenu M. Tresca; je me bornerai à dire, et cela suffira pour donner une idée de l'activité déployée par le Directeur et le Sous-Directeur, que, dans une période de quinze ans, de 1853 à 1869, la valeur totale des objets composant les collections avait plus que doublé et qu'il en avait été de même de l'étendue des galeries ouvertes au public.

Je ne saurais omettre de signaler encore, parmi les travaux accomplis au Conservatoire par M. Tresca, les comparaisons délicates qu'il entreprit avec la collaboration de Silbermann, des étalons prototypes des poids et mesures des Archives et du Conservatoire.

Il préludait ainsi à l'organisation d'un service très important de vérification confié à l'un de ses fils, qui a été et qui est encore d'une grande utilité, tant pour les besoins de l'administration française que dans nos relations avec les pays étrangers, au point de vue de l'extension du système métrique décimal. C'est à ces travaux, en quelque sorte préparatoires, qu'il faut également rattacher la participation considérable du Conservatoire et celle de M. Tresca lui-même à l'œuvre non encore terminée, mais très avancée, de la commission internationale du mètre.

Dans les moments de liberté assez rares que lui laissaient son enseignement et ses expériences, M. Tresca trouvait le temps de visiter les usines les plus intéressantes, en France et même à l'étranger, et il s'y créait de précieuses relations dont bénéficiait le Conservatoire. Il suivait avec non moins d'intérêt les progrès de nos écoles d'arts et métiers et de nos autres écoles industrielles. A l'époque de l'annexion de la Savoie, il fut même chargé de la réorganisation de l'école d'horlogerie de Cluses. Aussi les avis qu'il émettait devant le Conseil supérieur de l'enseignement technique, dont il a fait partie pendant de longues années, étaient-ils écoutés avec la plus grande attention. Tout récemment encore, et malgré l'état de sa santé fortement ébranlée. il présentait à ce conseil, qui s'occupe d'organiser sérieusement l'enseignement industriel et les études commerciales, un rapport étendu et lumineux dont les conclusions seront sans doute adoptées dans leur ensemble.

J'ai essayé, Messieurs, de retracer, bien imparfaitement sans doute, mais avec un vif désir de la faire apprécier comme elle le mérite, la carrière de Tresca, professeur et sous-directeur du Conservatoire des arts et métiers. L'activité de cet homme remarquable ne s'est pas arrêtée au seuil de notre grand établissement, mais il appartient à d'autres orateurs de la suivre au dehors et de vous dire ce qu'ils savent mieux que moi. J'ai cependant encore à m'acquitter de deux missions qui m'ont été confiées par M. le Directeur de l'Institut agronomique et par M. le Président de la Société internationale des électriciens.

A propos de l'Institut agronomique, je rappellerai que M. Tresca a contribué, toujours avec le général Morin. à installer provisoirement cette école créée en 1848, délaissée sous l'Empire et réorganisée en 1876, dans les bâtiments du Conservatoire des arts et métiers.

C'était un grand service rendu à la Direction de l'agriculture, qui est devenue aujourd'hui un ministère, et un service d'autant plus méritoire que le Conservatoire lui-même était déjà bien à l'étroit. M. Tresca fut nommé professeur de mécanique à l'Institut et il a occupé cette chaire, comme il occupait celle du Conservatoire et celle de l'École centrale, avec une rare distinction et, le dirai-je, avec l'énergie qu'il dépensait partout à la fois, jusqu'à l'épuisement de ses forces.

En ce qui concerne la Société internationale des électriciens, je me bornerai à dire que son sympathique président, M. Georges Berger, m'a écrit la lettre la plus émue en me priant simplement de rappeler sur cette tombe que Tresca était membre fondateur et zélé vice-président de cette société, dont il avait pressenti la très grande importance scientifique et industrielle.

J'aurais terminé, Messieurs, s'il ne me restait un dernier devoir de cœur et de conscience à remplir.

M. Tresca avait une famille nombreuse et excellente, au milieu de laquelle il se reposait de ses travaux et qui lui prodiguait des soins qui l'ont préservé, à coup sûr, pendant longtemps du danger auquel l'exposait son imprudente confiance dans la force de sa constitution. Je ne me permettrai pas de louer autrement les femmes de cette famille, si dignes de notre respectueuse sympathie, mais je peux du moins parler des hommes, pour lesquels je professe autant d'estime que d'affection.

Toutes les personnes qui ont fréquenté le Conservatoire savent avec quel dévouement deux des fils de M. Tresca, Alfred et Gustave, l'ont assisté dans ses travaux. Il a fait d'eux d'habiles expérimentateurs, et je suis heureux de saisir cette occasion, si douloureuse qu'elle soit, de rendre publiquement justice à leur mérite, dont le Conservatoire a déjà tiré un grand profit.

J'ai eu, directement ou indirectement, sous mes ordres le troisième fils et le gendre de M. Tresca, et je me plais à reconnaître que, chez eux comme chez les deux autres, j'ai retrouvé ces grandes qualités, une intelligence sûre associée à un dévouement sans bornes.

N'y a-t-il pas là une tradition digne d'être signalée en ce moment et n'est-ce pas encore faire l'éloge du père qui a su inspirer à tous les siens cet ardent amour du travail qui le caractérisait à un si haut degré, qui a fait sa force, et, en fin de compte, sa gloire !

Car, Messieurs, c'est une personnalité considérable que nous voyons disparaître, dont nous avons le droit d'être fiers et que nous ne saurions trop regretter.

Adieu, Tresca, adieu, mon cher et honoré collègue.

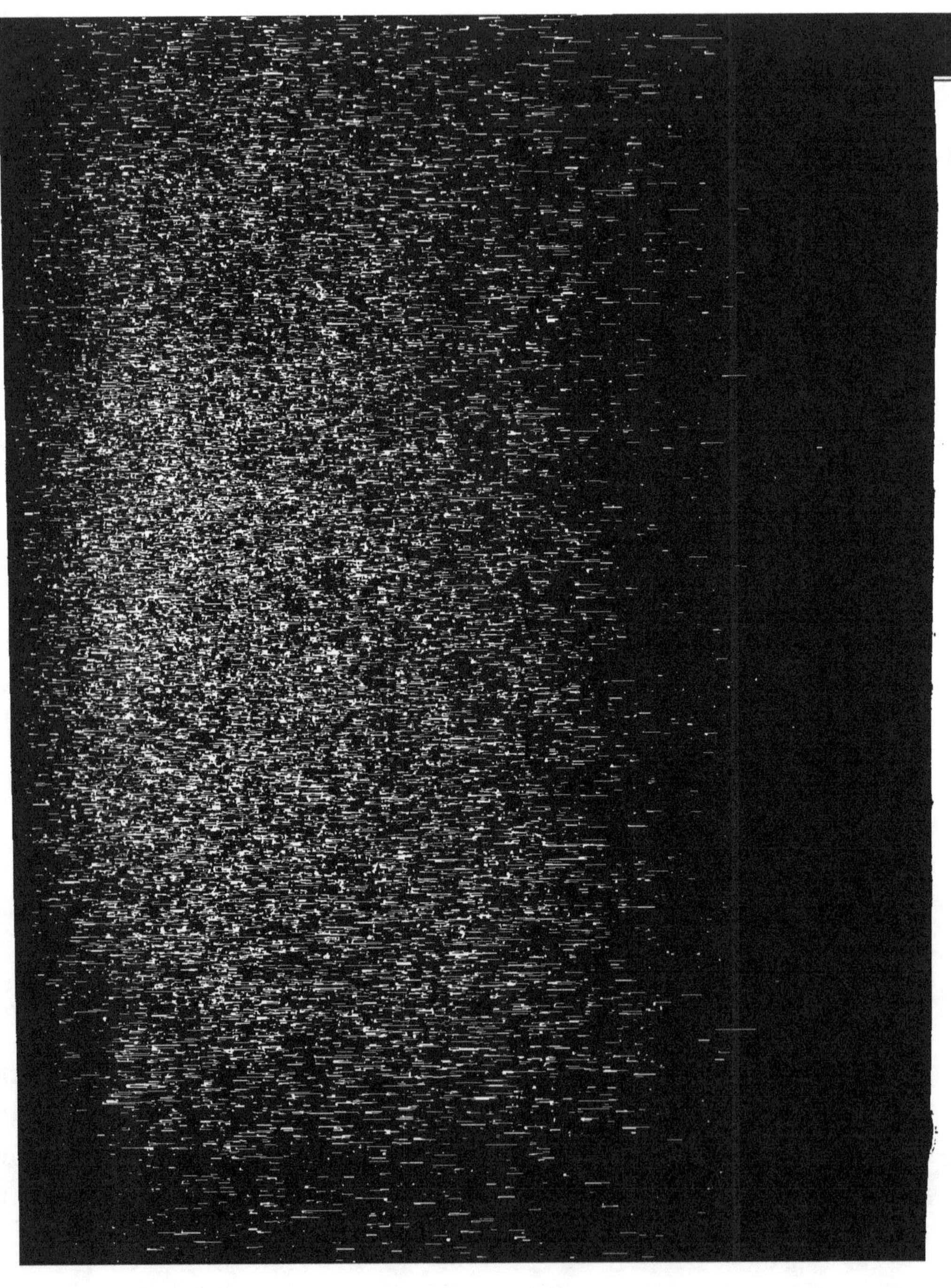

www.ingramcontent.com/pod-product-compliance
Lightning Source LLC
Chambersburg PA
CBHW051210050726
47594CB00007B/3148